xikolo - el colegio — 2
kufamba - el viaje — 5
swilo swo famba - el transporte — 8
doroba - la ciudad — 10
ndhawu - el paisaje — 14
rhesiturente - el restaurante — 17
xitolo le xikulu swinene - el supermercado — 20
swakunwa - las bebidas — 22
swakudya - la comida — 23
purasi - la granja — 27
yindlu - la casa — 31
kamara ro tshama - el living — 33
khishini - la cocina — 35
kamara yo hlambela - el baño — 38
kamana ya vana - el cuarto de los chicos — 42
swiambalo - la ropa — 44
hofisi - la oficina — 49
ikhonomi - la economía — 51
mintirho - las ocupaciones — 53
switirhisiwa - las herramientas — 56
swichayachayana - los instrumentos musicales — 57
ntanga wa swiharhi - el zoológico — 59
mintlango - los deportes — 62
mintirho - las actividades — 63
ndyanghu - la familia — 67
miri - el cuerpo — 68
xibedlhele - el hospital — 72
xihatla - la emergencia — 76
Misava - la Tierra — 77
xikomba-nkarhi - el reloj — 79
viki - la semana — 80
lembe - el año — 81
swivumbeko - las formas — 83
mevala - colores — 84
swo hambana - los opuestos — 85
nomboro - los números — 88
tindzimi - los idiomas — 90
mani / yini / njhani - quién / qué / cómo — 91
eka - dónde — 92

Impressum
Verlag: BABADADA GmbH, Nedderfeld 112 , 22529 Hamburg
Geschäftsführer / Verlagsleitung: Harald Hof
Druck: Books on Demand GmbH, In de Tarpen 42, 22848 Norderstedt

Imprint
Publisher: BABADADA GmbH, Nedderfeld 112 , 22529 Hamburg, Germany
Managing Director / Publishing direction: Harald Hof
Print: Books on Demand GmbH, In de Tarpen 42, 22848 Norderstedt

xikolo
el colegio

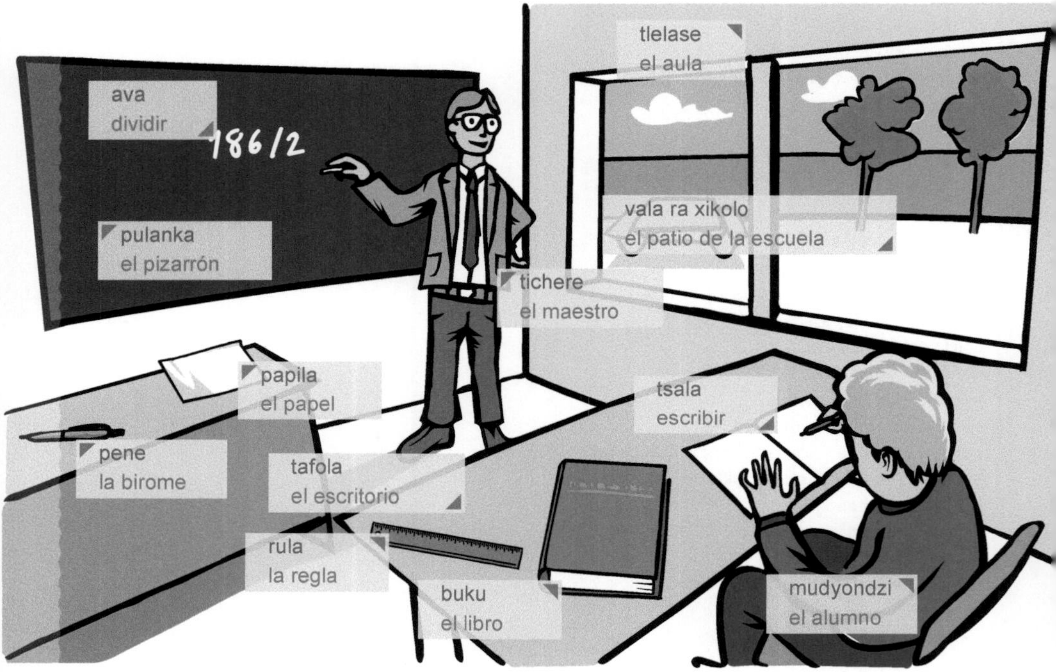

tlelase
el aula
ava
dividir
186/2
pulanka
el pizarrón
vala ra xikolo
el patio de la escuela
tichere
el maestro
papila
el papel
tsala
escribir
pene
la birome
tafola
el escritorio
rula
la regla
buku
el libro
mudyondzi
el alumno

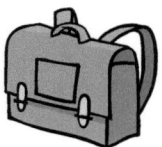

xinkwamana

la mochila

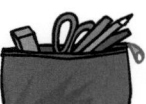

bokisi ra tipensele

la caja de lápices

pensele

el lápiz

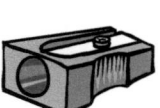

muchini wo vatla tipensele

el sacapuntas

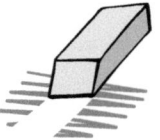

rhaba

la goma (de borrar)

papilo ro dirowa

el bloc de dibujo

xifaniso lexi diroweke

el dibujo

burachi ro penda

el pincel

bokisi ro penda

la caja de pinturas

xikero

la tijera

xidamarheti

el pegamento

buku ya xikolo

el cuaderno de ejercicios

ntirho wa le kaya

la tarea

nombhoro

el número

engeta

sumar

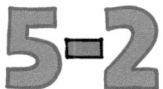

susa

restar

andzisa

multiplicar

hlaya

calcular

letere

la letra

maletere

el abecedario

rito

la palabra

rungula

el texto

hlaya

leer

choko

la tiza

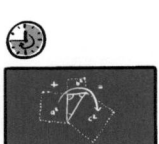

dyondzo

la lección

tsarisa

el cuaderno de clase

xikambelo

el examen

xitifiketi

el certificado

swiambalo swa xikolo

el uniforme escolar

dyondzo

la educación

nsonga-vutivi

la enciclopedia

univhesiti

la universidad

makhiriskopu

el microscopio

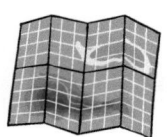

mepe

el mapa

xikotela xo lahla maphepha

el tacho (de basura)

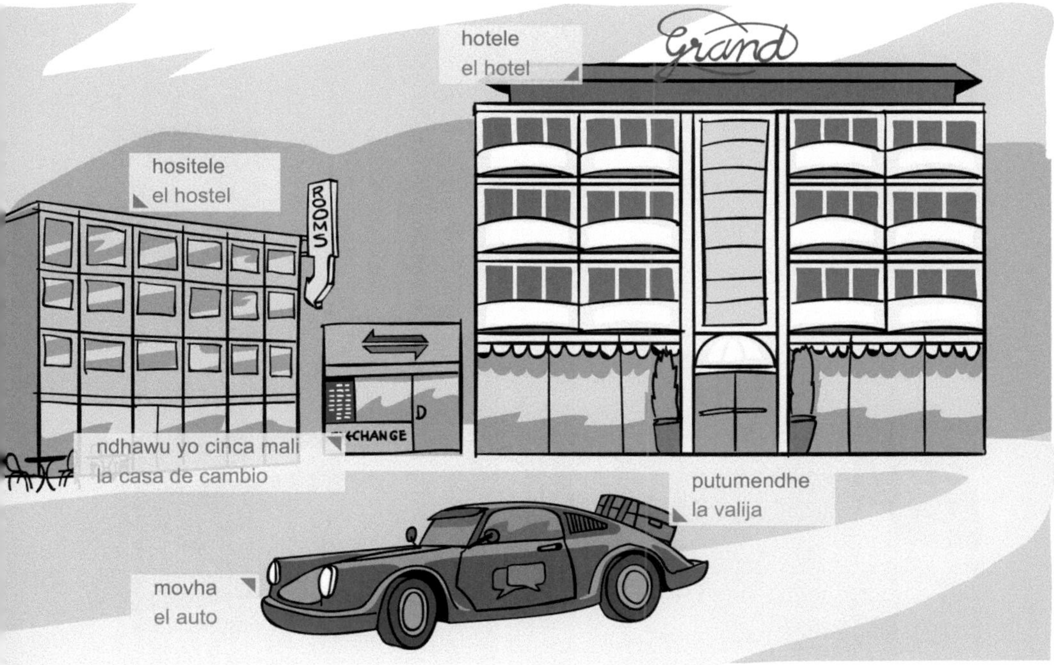

hotele
el hotel
Grand
hositele
el hostel
ROOMS
ndhawu yo cinca mali
la casa de cambio
EXCHANGE
putumendhe
la valija
movha
el auto

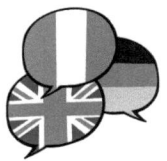

ririmi

el idioma

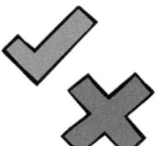

ina / e-e

sí / no

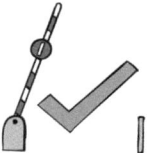

Swikahle

Está bien

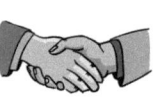

ahe

hola

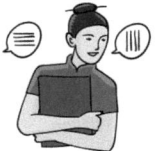

muhundzuluxeri

el traductor

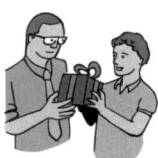

Ndza khensa

Gracias

ivungani…?

¿cuánto cuesta…?

Andzi twisisi

No entiendo

nkinga

el problema

Riperile!

¡Buenas tardes!

Maxelo ya kahle!

¡Buenos días!

Vusiku bya kahle!

¡Buenas noches!

sala kahle

el adiós

nkongomiso

la dirección

mindzhwalo

el equipaje

nkwama

el bolso

nkwama

la mochila

muendzi

el invitado

kamara

la habitación

nkwama wo etlela

la bolsa de dormir

tende

la carpa

vuxokoxoko bya vaendzi

la información turística

ribuwa

la playa

khadi ra xikweleti

la tarjeta de crédito

xifihlulo

el desayuno

swakudya swa ninhlekani

el almuerzo

swakudya swa nimadyambu

la cena

thikithi

el pasaje

kheshe

el ascensor

xitempe

el sello

ndzilakana

la frontera

mikhuva

la aduana

hovisi ya vuyimeri ya tiko

la embajada

visa

la visa

pasi ro endza

el pasaporte

swilo swo famba
el transporte

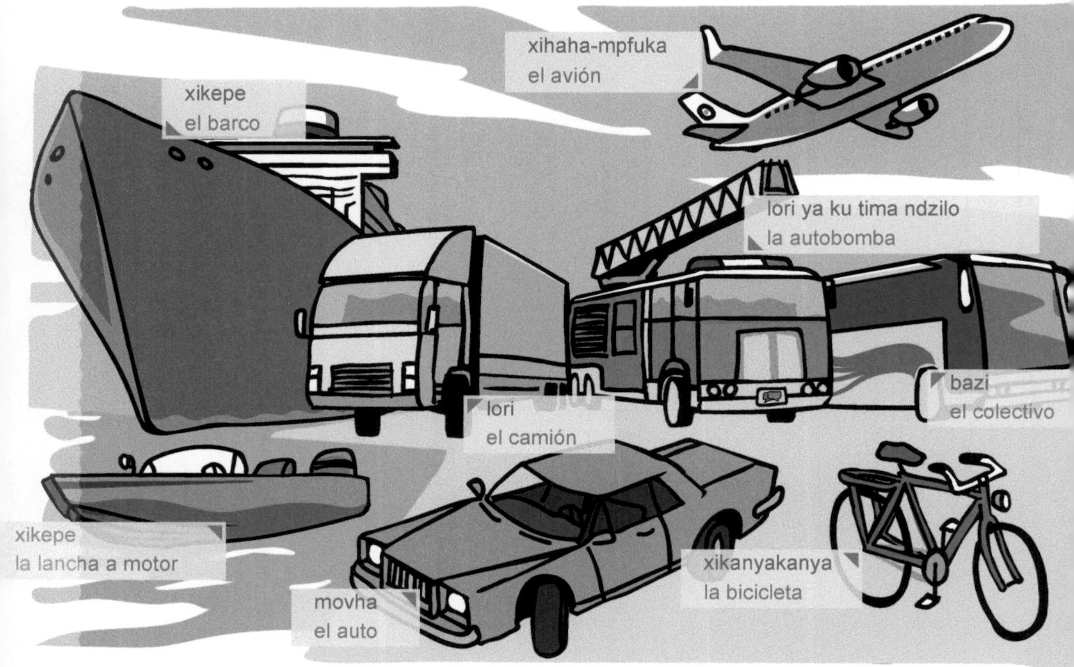
xihaha-mpfuka
el avión
xikepe
el barco
lori ya ku tima ndzilo
la autobomba
lori
el camión
bazi
el colectivo
xikepe
la lancha a motor
xikanyakanya
la bicicleta
movha
el auto

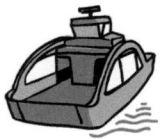

xikepe

el ferry

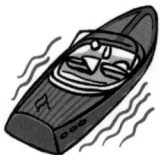

xikepe

el bote

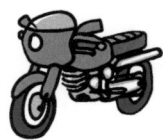

xithuthuthu

la moto

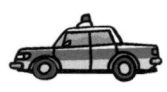

movha wa maphorisa

el patrullero

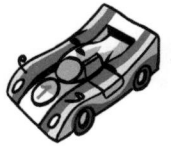

movha wa mphikizano

el auto de carreras

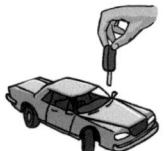

movha yo lombiwa

el auto de alquiler

ku avelana hi movha

el alquiler de autos

lori yo koka timovha

la grúa

lori yo rhwala chaka

el camión de la basura

njhini

el motor

mafurha

la nafta

ndhawu yo xavisa petirolo

la estación de servicio

mpfungo wa le patwini

la señal de tránsito

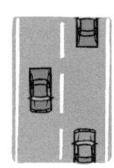

mafambelo ya mimovha

el tránsito

ntlimbano wa timovha

el embotellamiento

phaki ya timovha

el estacionamiento

xitichi xa xitimela

la estación de tren

mintila

las vías

xitimela

el tren

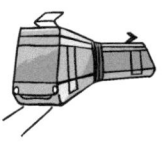

banzi leri fambaka
exiporweni

el tranvía

kalichi

el vagón

xihaha-mpfuka-phatsa

el helicóptero

rivala ra siwhaha-mpfuka

el aeropuerto

xihondzo

la torre

mukhandziyi

el pasajero

bokisi

el contenedor

bokisi

la caja de cartón

kalichi

la carretilla

xirhundzi

la canasta

suka / tshama

despegar / aterrizar

doroba

la ciudad

muti

el pueblo

nkava wa doroba

el centro de la ciudad

yindlu

la casa

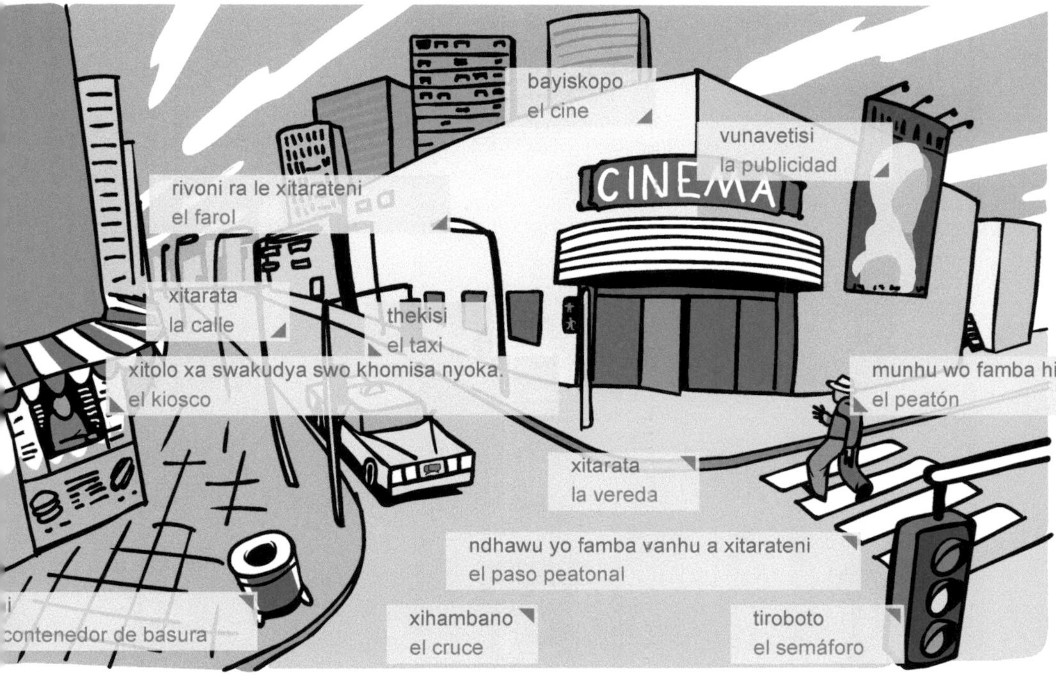

bayiskopo
el cine
CINEMA
vunavetisi
la publicidad
rivoni ra le xitarateni
el farol
xitarata
la calle
thekisi
el taxi
xitolo xa swakudya swo khomisa nyoka.
el kiosco
munhu wo famba hi
el peatón
xitarata
la vereda
ndhawu yo famba vanhu a xitarateni
el paso peatonal
contenedor de basura
xihambano
el cruce
tiroboto
el semáforo

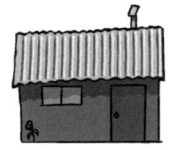

xiyindlwana xa byanyi

la cabaña

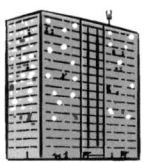

yindlu

el departamento

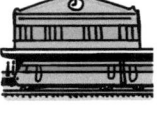

xitichi xa xitimela

la estación de tren

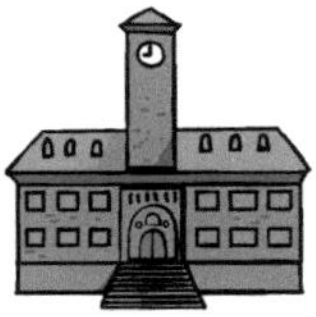

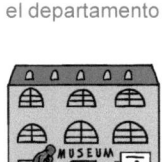

holo ya vanhu

la municipalidad

MUSEUM

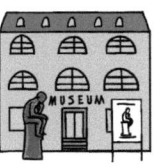

muziyamu

el museo

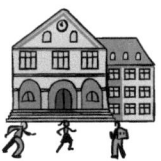

xikolo

el colegio

univhesiti

la universidad

bangi

el banco

xibedlhele

el hospital

hotele

el hotel

xitolo xa miri

la farmacia

hofisi

la oficina

xitolo xa tibuku

la librería

xitolo

el negocio

xitolo xa swiluva

la florería

xitolo le xikulu swinene

el supermercado

makete

el mercado

xitolo le xikulu

las grandes tiendas

xitolo xa tinhlampfi.

la pescadería

ndhawu ya switolo

el centro comercial

hlaluko

el puerto

phaka

el parque

bence

el banco

buloho

el puente

switepisi

las escaleras

ehansi ka misava

el subte

muhocho

el túnel

xitichi xa tibanzi

la parada del colectivo

barha

el bar

rhesiturente

el restaurante

bokisi ra poso

el buzón

mfungho wa xitarata

el letrero

muchini wa mali ya ku phaka

el parquímetro

ntanga wa swiharhi

el zoológico

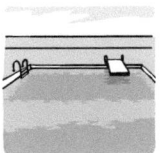

damu ro xambela

la pileta

mosque

la mezquita

purasi
la granja

nthyakiso
la contaminación

masirha
el cementerio

kereke
la iglesia

rivala ra mintlangu
los juegos infantiles

tempele
el templo

ndhawu
el paisaje

tluka
la hoja

mfungho wa gondzo
el poste indicador

ndlela
el camino

byanyi byo tala
la pradera

ribye
la piedra

munhu wo khandziya tintshava
el excursionista

murhi
el árbol

nambu
el río

byanyi
la hierba

xiluva
la flor

nkova

el valle

xitsunga

la montaña

tiva

el lago

khwati

el bosque

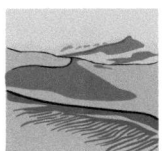

mananga

el desierto

volkheno

el volcán

ntsinda

el castillo

nkwangulatilo

el arco iris

swikowa

el champiñón

murhi wa nchindzu

la palmera

nsuna

el mosquito

haha

la mosca

vusokoti

la hormiga

nyoxi

la abeja

puma

la araña

xifufunhunu

el escarabajo

chele

la rana

maxindyana

la ardilla

nhloni

el erizo

mfundla

la liebre

xikhova

la lechuza

xinyenyane

el pájaro

sekwa

el cisne

ngluve ya nhova

el jabalí

mhunti

el ciervo

mhofu

el alce

damu

la presa

xipelupelu xa moya

el aerogenerador

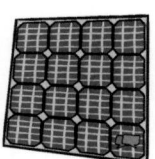

bodo leyi tswongaka kuhisa
ka dyambu

el panel solar

maxelo

el clima

rhesiturente
el restaurante

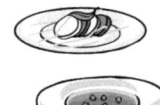

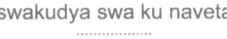

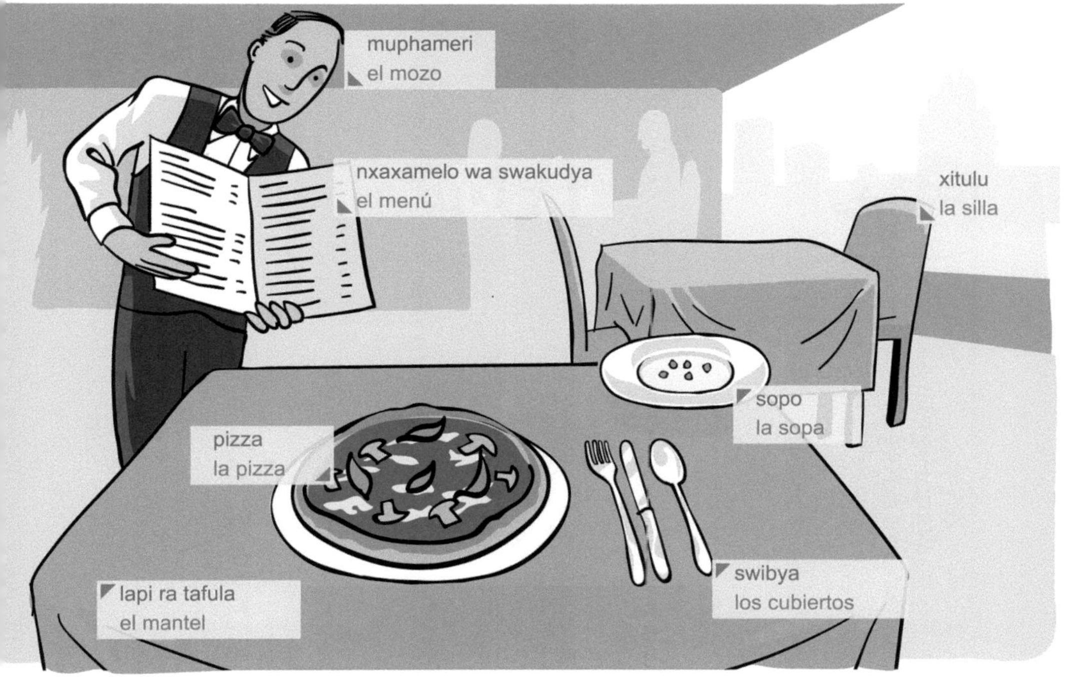

muphameri
el mozo
nxaxamelo wa swakudya
el menú
xitulu
la silla
sopo
la sopa
pizza
la pizza
swibya
los cubiertos
lapi ra tafula
el mantel

swakudya swa ku naveta

la entrada

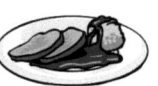

swakudya

el plato principal

swo rhelerisa

el postre

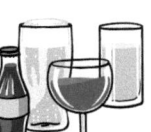

swakunwa

las bebidas

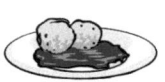

swakudya

la comida

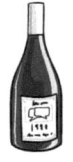

bodlhela

la botella

swakudya swa xihatla

la comida rápida

swakudya swa le ndleleni

la comida callejera

mbita ya tiya

la tetera

xibye xa chukela

la azucarera

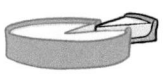

xiphemu

la porción

muchini wa espresso

la cafetera expreso

xitulu xa le henhla

la sillita alta

swikweleti

la cuenta

thireyi

la bandeja

mukwana

el cuchillo

foroko

el tenedor

lepula

la cuchara

xilepulana

la cucharita

phepha ro sula nomu

la servilleta

nghilazi

el vaso

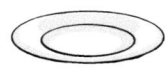

pleti

el plato

pleti ya sopo

el plato hondo

sosara

el plato

murhu

la salsa

xilo xo chele munyu

el salero

xilo xo gaya

el molinillo de pimienta

vhiniga

el vinagre

mafurha

el aceite

swinyunyeteri

las especias

ketchup

el kétchup

mustard

la mostaza

mayonasi

la mayonesa

xitolo le xikulu swinene
el supermercado

nyiko yo hlawuleka
la oferta especial
FOR
muxavi
el cliente
ntsamba
los lácteos
mihandzu
la fruta
xikocikara
el changuito

BUTCHERS

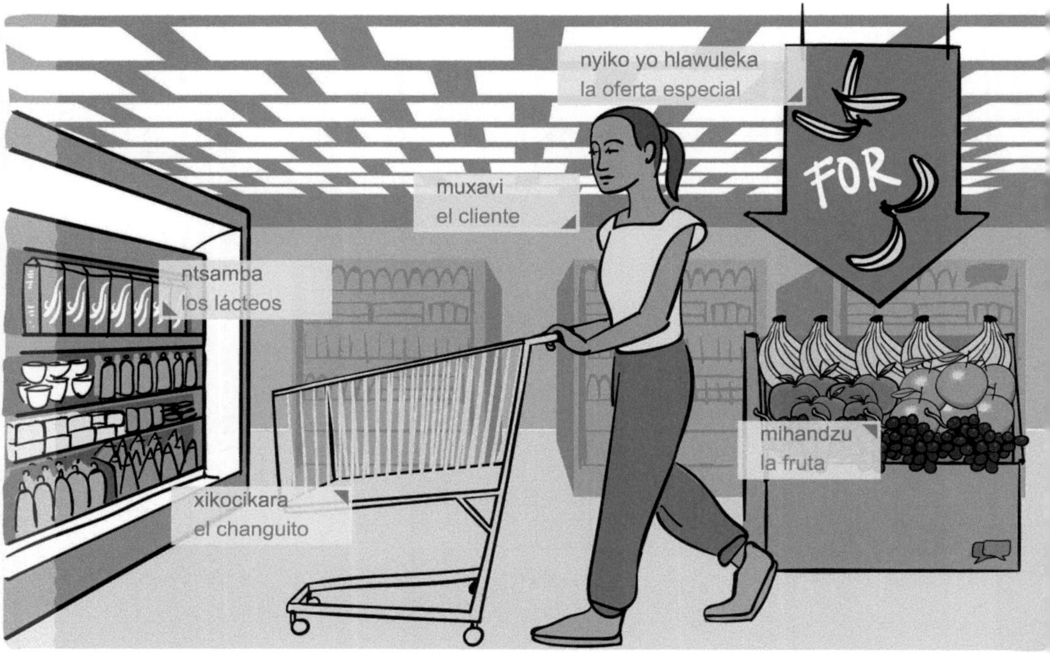

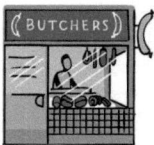

buchara

la carnicería

BAKERY

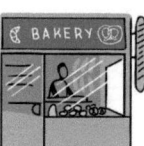

bekari

la panadería

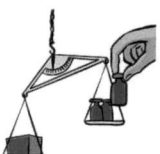

ringanyeta

pesar

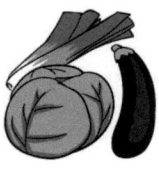

swimila

las verduras

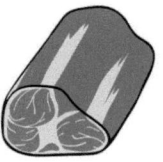

nyama

la carne

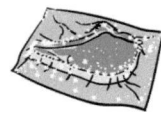

swakudya swo titimela

los alimentos congelados

nyama

los fiambres

swakudya leswi nga thinini

los alimentos enlatados

mapa yo hlanswa

el detergente en polvo

malekere

las golosinas

switirhisiwa swa le ndlwini

los electrodomésticos

swilo swo basisa

los productos de limpieza

munhu wo xavisa

la vendedora

thili

la caja

muamukeli wa timali

el cajero

nxaxamelo wa swo xaviwa

la lista de compras

nkarhi wa ku tirha

el horario de atención

nkwama wa mali

la billetera

khadi ra xikweleti

la tarjeta de crédito

nkwama

la cartera

nkwama wa pulasitiki

la bolsa de plástico

mati

el agua

ntsutsu

el jugo

meleke

la leche

coke

la bebida cola

vhinyo

el vino

byalwa

la cerveza

byala

el alcohol

cocoa

el cacao

tiya

el té

kofi

el café

espresso

el café expreso

cappuccino

el cappuccino

banana

la banana

apula

la manzana

lamula

la naranja

kalabatla

el melón

swiri

el limón

kherotsi

la zanahoria

swinyalana

el ajo

musengele

el bambú

nyala

la cebolla

swikowa

el champiñón

timanga

las nueces

makaroni ya nyama

los fideos

spaghetti

los tallarines

rhayisi

el arroz

saladi

la ensalada

machipisi

las papas fritas

nhlata wo katingiwa

las papas fritas

pizza

la pizza

hamburger

la hamburguesa

xinkwa

el sándwich

cutlet

el churrasco

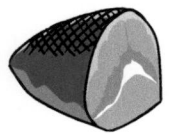

ham

el jamón

salami

el salame

soseji

la salchicha

huku

el pollo

katinga

el asado

hlampfi

el pescado

oats

los copos de avena

muesli

el muesli

rivele-ndzoho

los copos de maíz

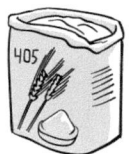

filawa

la harina

bantsi

la medialuna

xinkwa

el pancito

xinkwa

el pan

xinkwa xo oxiwa

la tostada

makokisi

las galletitas

botere

la manteca

ribomba ra tswamba

la cuajada

khekhe

la torta

tandza

el huevo

matandza lama katingiweke

el huevo frito

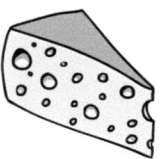

chizi

el queso

ayisi khrimi

el helado

chukela

el azúcar

vulombe

la miel

jamu

la mermelada

botere ya chokoleti

la pasta de chocolate

curry

el curry

purasi
la granja

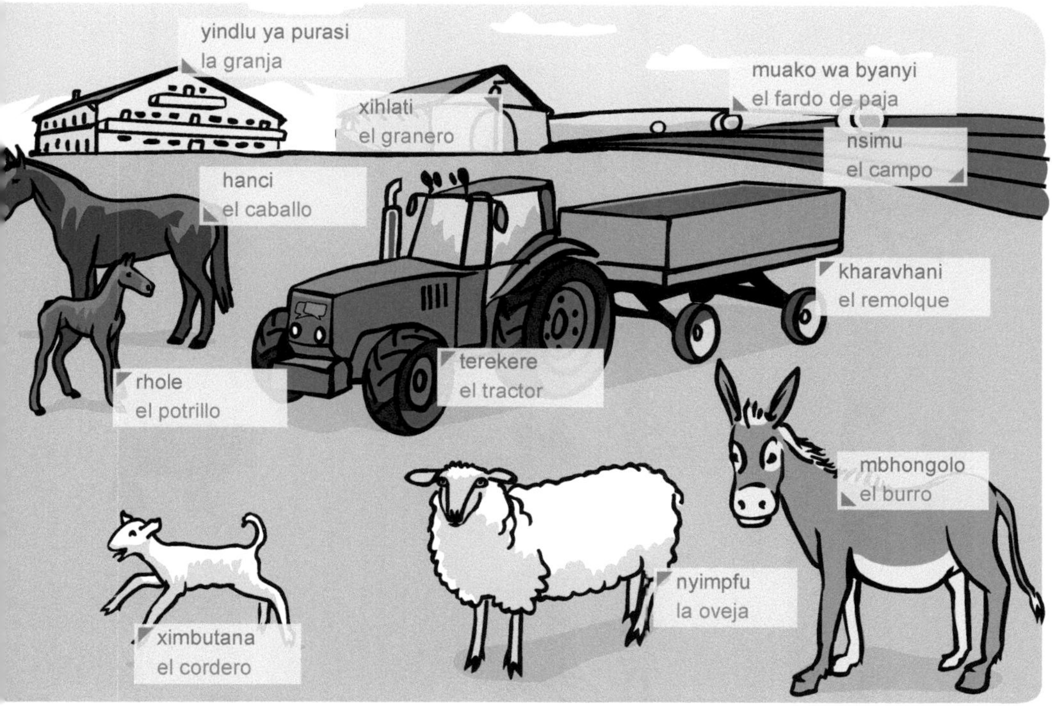
yindlu ya purasi
la granja
xihlati
el granero
muako wa byanyi
el fardo de paja
nsimu
el campo
hanci
el caballo
kharavhani
el remolque
rhole
el potrillo
terekere
el tractor
mbhongolo
el burro
nyimpfu
la oveja
ximbutana
el cordero

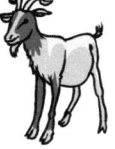

mhunti

la cabra

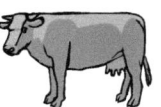

homu

la vaca

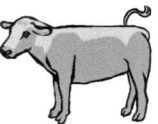

rhole

el ternero

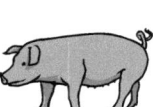

nguluve

el cerdo

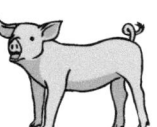

xingulubyana

el lechón

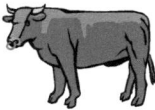

nkuzi

el toro

sekwa

el ganso

sweka

el pato

xikukwana

el pollo

mbhaha

la gallina

nkuku

el gallo

kondlo

la rata

ximanga

el gato

kondlo

el ratón

homu

el buey

mbyana

el perro

yindlu ya mbyana

la cucha

payipi ya mati

la manguera

xilo xo chelela mati

la regadera

nsimbi yo tsema

la guadaña

xikomu

el arado

sikele

la hoz

xikomu

la azada

foroko le yikulu

la horquilla

xihloka

el hacha

bara

la carretilla

xitsengele

el abrevadero

xilo xo chela ntswamba

la lechera

saka

la bolsa

rirhangu

la reja

xivala

el establo

yindlu ya vuhlayiselo bya
swimilana

el invernadero

misava

el suelo

mbewu

la semilla

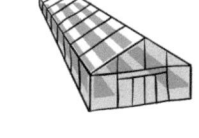

swinonisi

el fertilizador

muchini wa ku tshovela

la cosechadora

tshovela

cosechar

ntshovelo

la cosecha

mintsumbula

las batatas

koroni

el trigo

tinyawa

la soja

nhlata

la papa

koroni

el maíz

rapeseed

la semilla de colza

nsinya wa mihandzu

el árbol frutal

ntsumbula

la mandioca

swakudya swa tidzoho

los cereales

yindlu
la casa

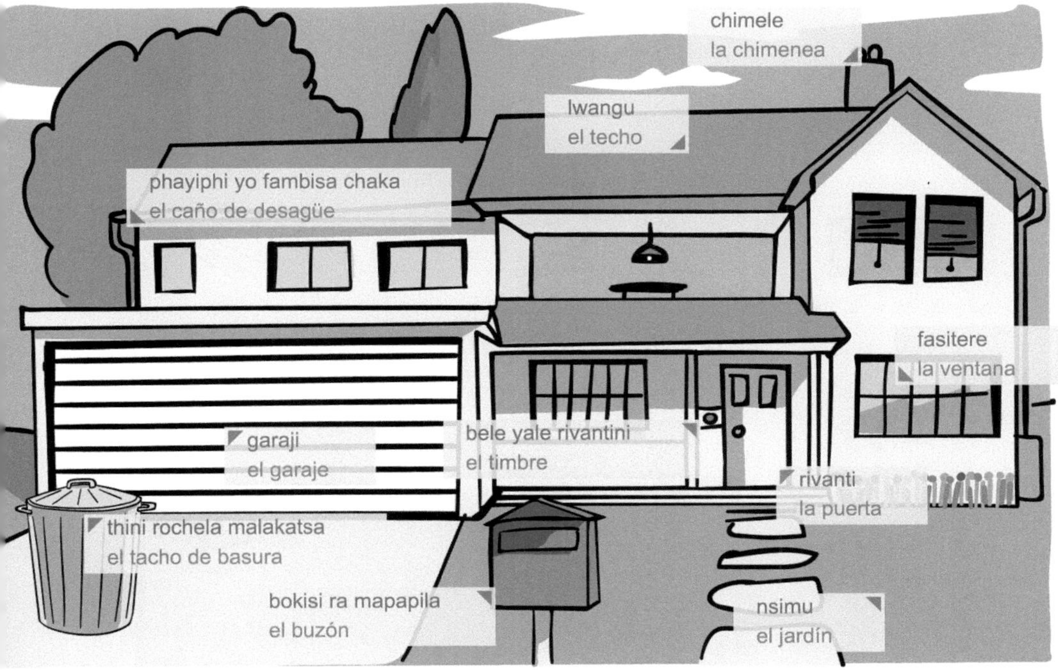

chimele
la chimenea
lwangu
el techo
phayiphi yo fambisa chaka
el caño de desagüe
fasitere
la ventana
garaji
el garaje
bele yale rivantini
el timbre
rivanti
la puerta
thini rochela malakatsa
el tacho de basura
bokisi ra mapapila
el buzón
nsimu
el jardín

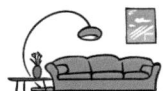

kamara ro tshama

el living

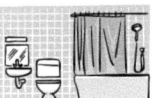

kamara yo hlambela

el baño

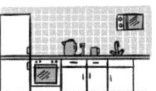

khishini

la cocina

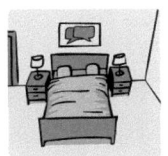

kamera ro etlela

el dormitorio

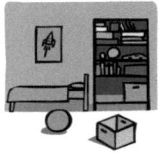

kamana ya vana

el cuarto de los chicos

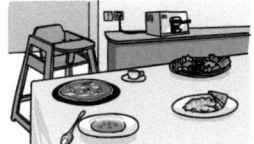

ndhawu yo dyela

el comedor

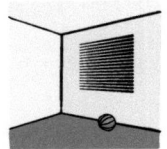

ehansi
el piso

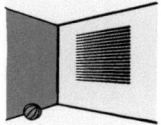

khumbi
la pared

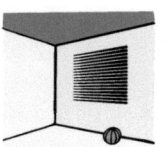

silingi
el cielorraso

kamera ra le hansi
el sótano

phungula
el sauna

rikupakupa
el balcón

tshala
la terraza

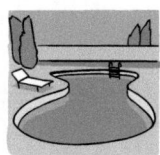

damu
la pileta

muchini wo tsema byanyi
la cortadora de pasto

nkumba
la sábana

swo andlalela mubedo
el acolchado

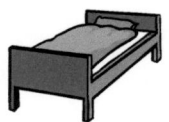

mubedo
la cama

nkukulu
la escoba

bakiti
el balde

swichi
el interruptor

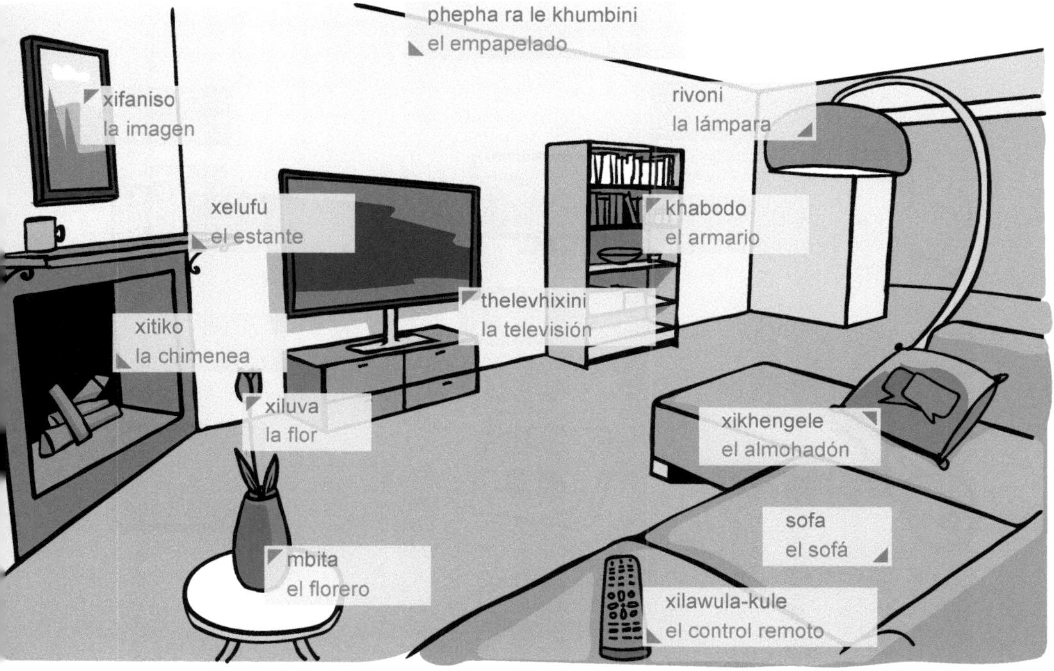

phepha ra le khumbini
el empapelado

xifaniso
la imagen

rivoni
la lámpara

xelufu
el estante

khabodo
el armario

xitiko
la chimenea

thelevhixini
la televisión

xiluva
la flor

xikhengele
el almohadón

mbita
el florero

sofa
el sofá

xilawula-kule
el control remoto

khapete

la alfombra

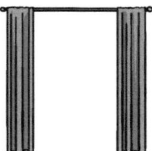

khethenisi

la cortina

tafula

la mesa

xitulu

la silla

xitulu xo mbuwetela

la mecedora

xitulu xo tlhandleka mavoko

el sillón

buku

el libro

nkumba

la frazada

nkhaviso

la decoración

tihunyi

la leña

filimi

la película

muchini wa hi-fi

el equipo de música

xinotlelo

la llave

phepha-hungu

el diario

xifaniso lexi vatliweke

la pintura

bodo ya xifaniso

el póster

xiya-ni-moya

la radio

buku yo tsala tinhla

el cuaderno

hoover

la aspiradora

xiluva xa cactus

el cactus

khandlela

la vela

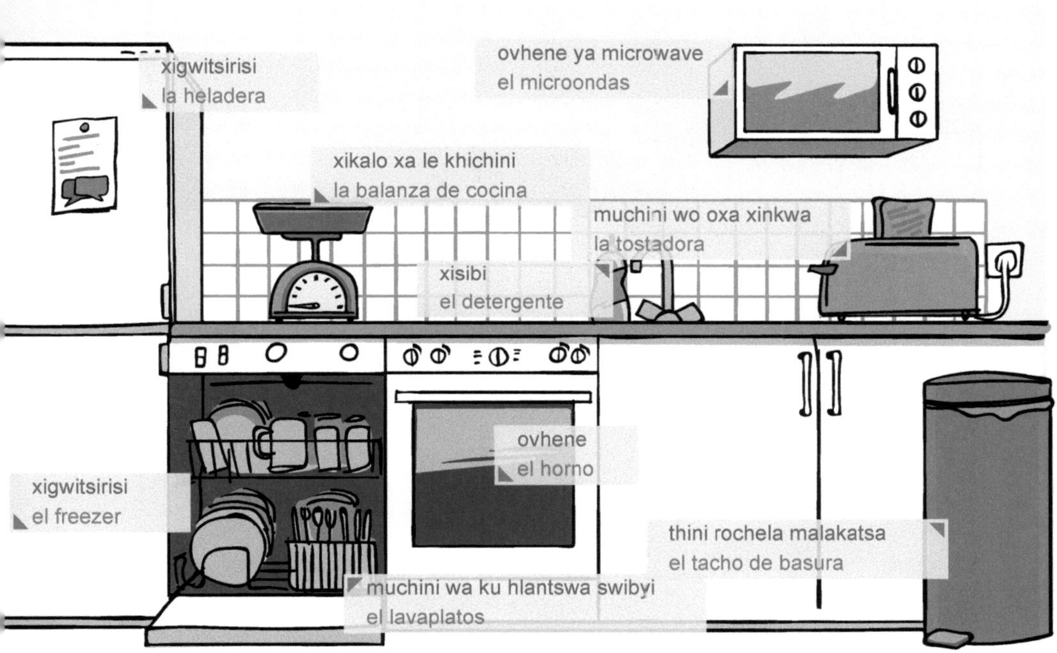

xigwitsirisi
la heladera

ovhene ya microwave
el microondas

xikalo xa le khichini
la balanza de cocina

muchini wo oxa xinkwa
la tostadora

xisibi
el detergente

ovhene
el horno

xigwitsirisi
el freezer

thini rochela malakatsa
el tacho de basura

muchini wa ku hlantswa swibyi
el lavaplatos

mosweki
la cocina

poto
la olla

poto ra nsimbi
la olla de hierro fundido

mbita yo swekela / kadai
el wok

pani
la sartén

ketlele
la pava

xo sweka hi nkahelo

la vaporera

thireyi ya ku baka

la bandeja de horno

swibya

la vajilla

xikomichana

la taza

ximbitana

el bol

ti-chopstick

los palitos

xipunu

el cucharón

spatula

la espátula

muchini wo hlanganisa

la batidora

sefo

el colador

xisefo

el colador

xilo xo tsemelela

el rallador

xibye

el mortero

nyama yo oshiwa

la parrilla

ndzilo

la fogata

bodo ya ku tsemelela

la tabla de picar

mhandzi yo andlala fulawa

el palo de amasar

xo pfula mabodlhela

el sacacorchos

thini

la lata

xo pfula mathini

el abrelatas

xo khoma poto

la manopla

zinki

la pileta

buracha

el cepillo

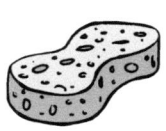

xiponci

la esponja

xilo lexi hlanganiselaka

la batidora

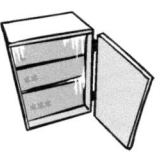

xigwitsirisi

el congelador

bodlhela ra n'wana

la mamadera

pompi

la canilla

kamara yo hlambela
el baño

kukufumeta
la calefacción
thawula
la toalla
shawara
la ducha
khethenisi ra shawara
la cortina de la ducha
xisibi xo hlambela a bavhini
el baño de espuma
bavhu
la bañadera
nghilazi
el vaso
muchini wa ku hlantswa
el lavarropas
pompi
la canilla
tithayilisi
las baldosas
xihambukelo
la pelela
zinki
la pileta

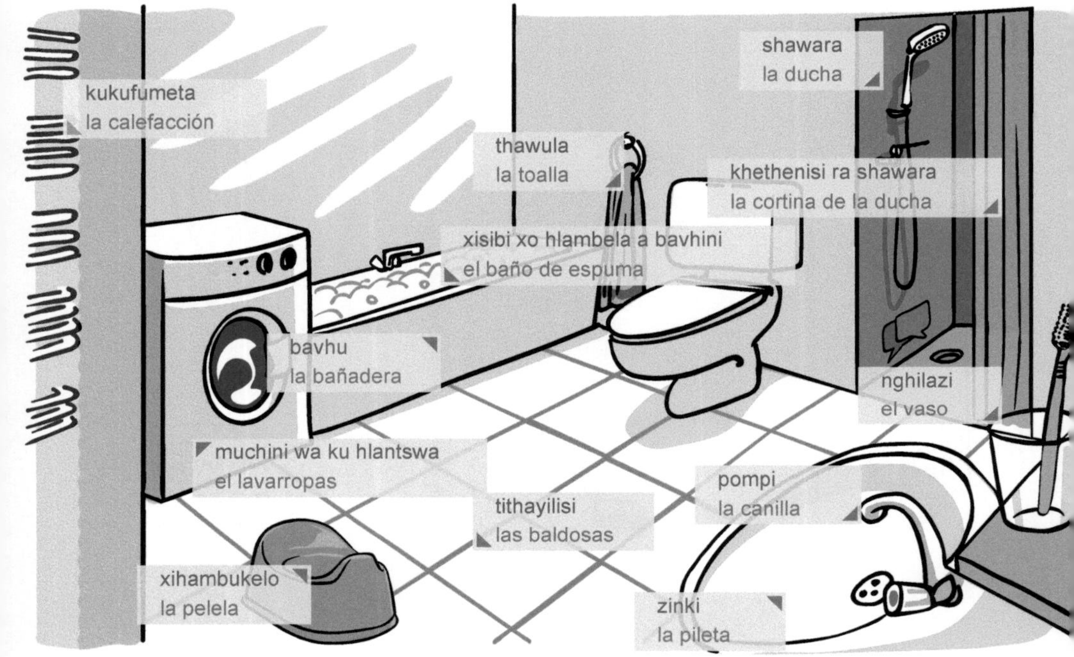

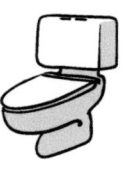

xihambukelo

el inodoro

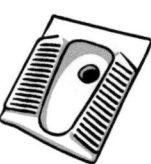

xihambukelo

la letrina

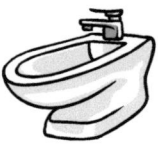

bidet

el bidé

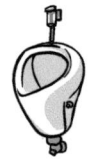

ndhawu yo tsakamisela

el mingitorio

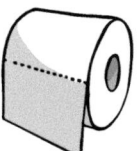

papila ra xihambukelo

el papel higiénico

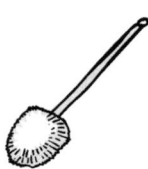

burachi bya xihambukelo

el cepillo para el inodoro

burachi bya meno

el cepillo de dientes

xisibi xa meno

el dentífrico

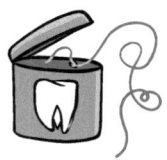

xo basisa exikarhi ka meno

el hilo dental

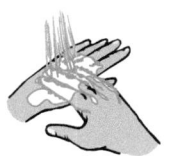

hlamba

lavar

xawara yo khomiwa hivoko

la ducha de mano

douche

la ducha higiénica

xihlambelo

la palangana

buracha ra nhlana

el cepillo para la espalda

xisibi

el jabón

xisibi xa xawara

el gel de ducha

shampoo

el shampoo

swilapana

la toallita

xinambyana

el desagüe

rivomba

la crema

xinhuherisi

el desodorante

xivoni

el espejo

xivoni xo khomiwa hivoko

el espejito

rikarhi

la maquinita de afeitar

xisibi so susa malevu

la espuma de afeitar

mafurha ya kutola loku u heta ku tsemeta malevu

el aftershave

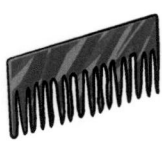

kama

el peine

buracha

el cepillo

muchini wo omisa mosisi

el secador de pelo

mafurha yo tola mosisi

el spray

xo tisasekisa

el maquillaje

xotota nomo

el lápiz de labios

xo tota minwala

el esmalte para uñas

kotoni

el algodón

xo tsema minwala

la tijera para uñas

xinhuherisi

el perfume

nkwama wa le
xihambukelweni
....
el portacosméticos

nchuluko
....
la banqueta

xikalo
....
la balanza

nguvu yo hlamba
....
la bata

tiglovhu ta raba
....
los guantes de goma

tampon
....
el tampón

thawula ra ku basisa
....
la toallita femenina

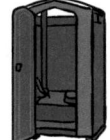

xihambukelo xa le handle
....
el baño químico

el cuarto de los chicos

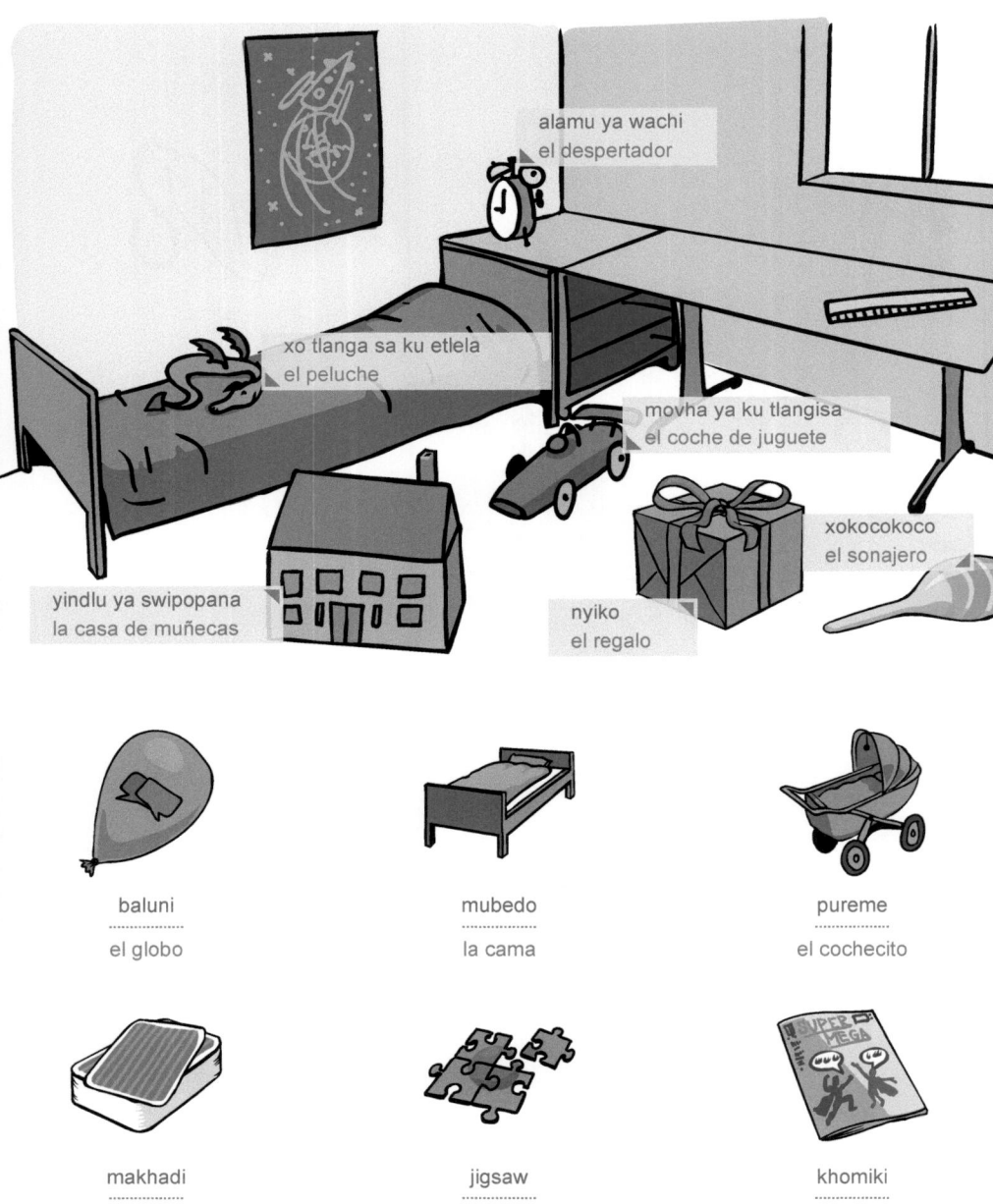

alamu ya wachi
el despertador

xo tlanga sa ku etlela
el peluche

movha ya ku tlangisa
el coche de juguete

yindlu ya swipopana
la casa de muñecas

nyiko
el regalo

xokocokoco
el sonajero

baluni
el globo

mubedo
la cama

pureme
el cochecito

makhadi
las cartas

jigsaw
el rompecabezas

khomiki
la historieta

switina swa lego

las piezas de lego

swiaki

los ladrillos de juguete

xo tlanga xa vana

la figura de acción

swiambalo swa nwana

el enterito (de bebé)

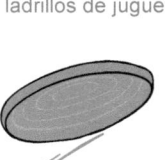

Frisbee

el frisbee

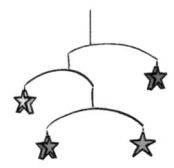

mobile

el móvil para bebés

ntlango wa le bodweni

el juego de mesa

dayisi

los dados

xitimela xo tlanga

el tren eléctrico

xo tlangisa vana

el chupete

nkhuvo

la fiesta

buku ya swifaniso

el libro de cuentos ilustrado

bolo

la pelota

xipopana

la muñeca

tlanga

jugar

khele ra sava

el arenero

muchinginya

la hamaca

swilo swo tlangisa

los juguetes

mintlango ya vhidiyo

la consola de videojuegos

xithuthuthu xa mivhilwa manharhu

el triciclo

tibere to tlangisa

el osito de peluche

wadirobo

el armario

swiambalo

la ropa

masokisi

las medias

masokisi

las medias panty

buruku byo tlimba

las calzas

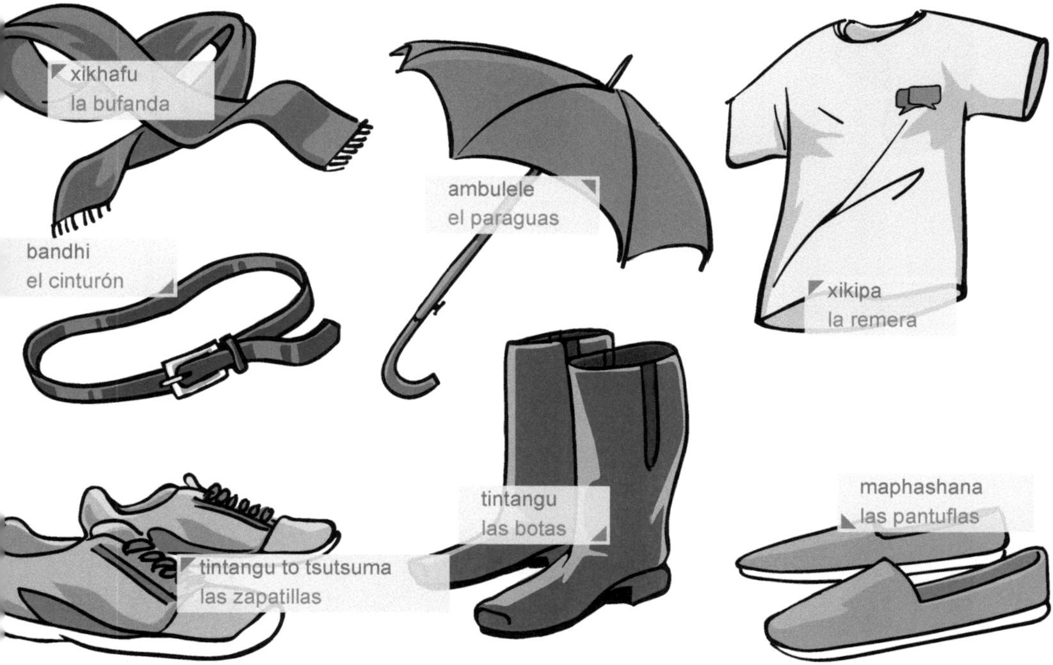

xikhafu
la bufanda

ambulele
el paraguas

xikipa
la remera

bandhi
el cinturón

tintangu
las botas

maphashana
las pantuflas

tintangu to tsutsuma
las zapatillas

maphashana

las sandalias

tintangu

los zapatos

majombo ya raba

las botas de goma

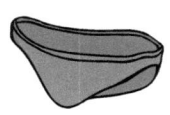

maburuko ya le ndzeni

la ropa interior

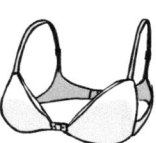

bodi

el corpiño

xikipa xa le ndzeni

el chaleco

miri

el body

maburuko

los pantalones

bokati

los jeans

xiketi

la pollera

bulawusi

la blusa

hembe

la camisa

jesi

el pulóver

jazi ro fingeneta nhloko

el buzo

buleyizara

el blazer

baji

la campera

nghuvo

el tapado

jazi rampfula

el piloto

swiambalo

el traje

swiambalo

el vestido

rhoko ya mucato

el vestido de novia

sudu

el traje

xiambalo xo etlela

el camisón

swi ambalo swo etlela

el pijama

sari

el sari

xikhafu

el pañuelo para la cabeza

duku

el turbante

burqa

la burka

swi ambalo

el caftán

abaya

la abaya

swiambalo swo hlambela

el traje de baño

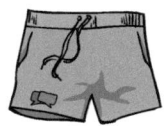

maburuko ya le ndzeni

el short de baño

buruku ro koma

los shorts

tracksuit

el jogging

fasikoti

el delantal

maglilavhu

los guantes

kunupu

el botón

manghilazi ya mahlo

los anteojos

sindza

la pulsera

vuhlalu

el collar

xingwaxila

el anillo

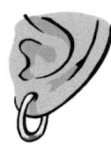

vo sasekisa tindleve

el aro

kepisi

la gorra

hangara ya nghuvo

la percha

xigqoko

el sombrero

thayi

la corbata

zipi

el cierre

xihuku

el casco

minxongotelo

los tiradores

swiambalo swa xikolo

el uniforme escolar

yunifomo

el uniforme

bibi
....
el babero

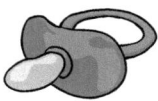

xo tlangisa vana
....
el chupete

leyiri
....
el pañal

server
el servidor

khabodo yo beka tifayili
el archivero

papila
el papel

muchini wa ku kandziyisa
la impresora

xikirini
el monitor

tafola
el escritorio

mouse
el mouse

xilo xo veka swiphephana
la carpeta

keyboard
el teclado

xikotela xo lahla maphepha
el tacho (de basura)

khompyuta
la computadora

xitulo
la silla

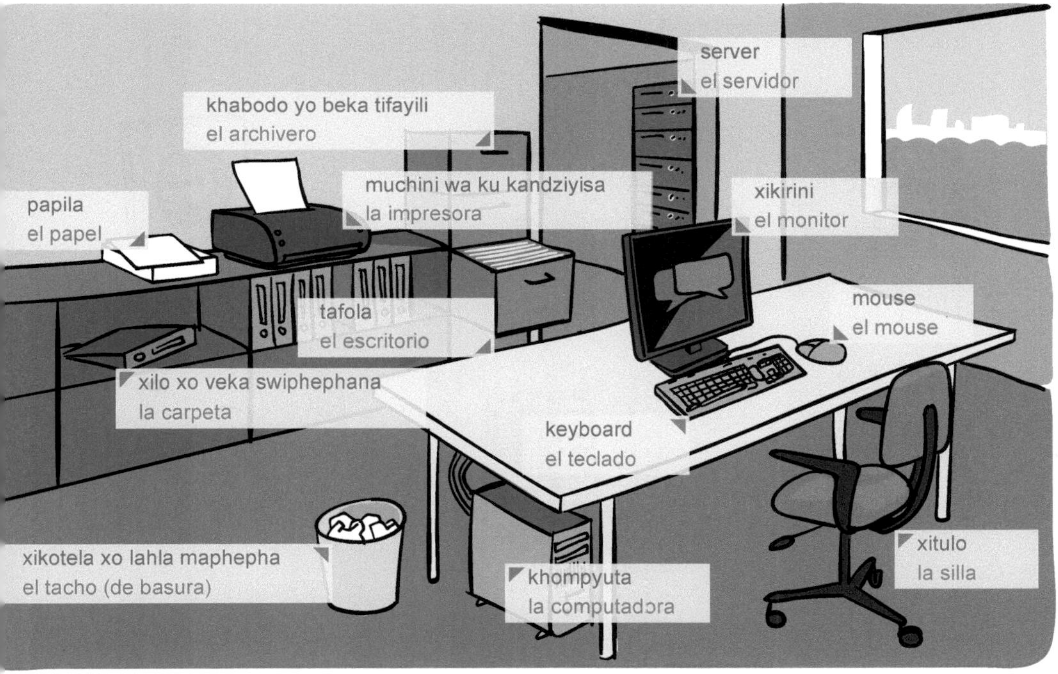

bikiri ra kofi
....
la taza de café

muchini wo hlaya
....
la calculadora

internet
....
el internet

hofisi - la oficina

49

laptop

la laptop

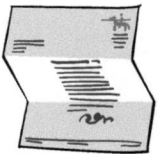

papila

la carta

rungula

el mensaje

foni

el celular

network

la red

muchini wo endla tikopi

la fotocopiadora

progreme ya khompyuta

el software

riqingho

el teléfono

pulagi ya gezi

el tomacorriente

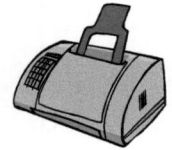

muchini wo rhumela rungula

el fax

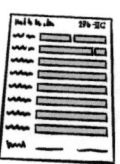

fomo

el formulario

papila

el documento

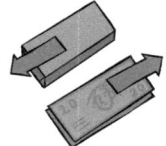

xava

comprar

hakela

pagar

xavisa

hacer negocios

mali

el dinero

dolara

el dólar

euro

el euro

yen

el yen

rouble

el rublo

Swiss franc

el franco suizo

renminb yuan

el yuan

rupee

la rupia

muchini wa mali

el cajero automático

ndhawu yo cinca mali
la casa de cambio

nsuku
el oro

silivhere
la plata

mafurha
el petróleo

matimba
la energía

hakelo
el precio

ntwanano
el contrato

xibalo
el impuesto

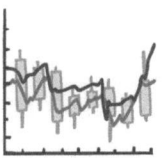

nundzu ya timali
la acción

tirha
trabajar

mutirhi
el empleado

mothorhi
el empleador

fektri
la fábrica

xitolo
el negocio

mintirho
las ocupaciones

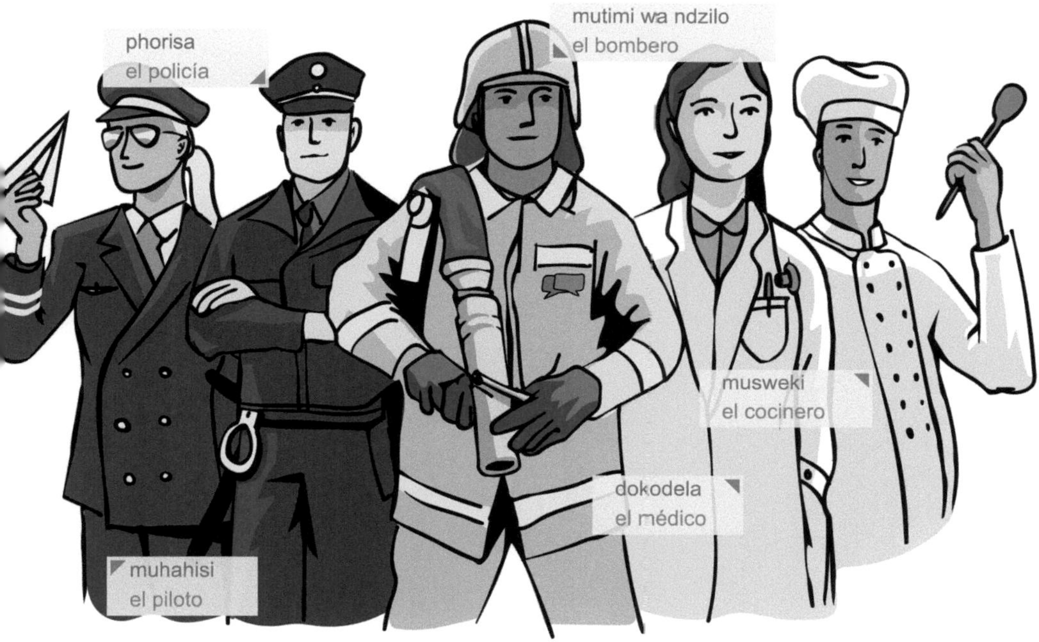
phorisa
el policía
mutimi wa ndzilo
el bombero
musweki
el cocinero
dokodela
el médico
muhahisi
el piloto

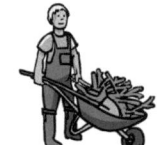

muhlayi wa ntanga

el jardinero

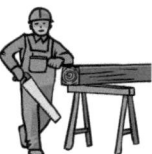

muvatli

el carpintero

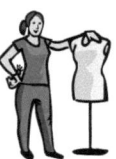

murungi

la modista

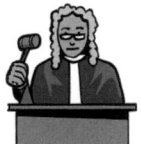

muavanyisi

el juez

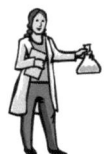

xitshunguri

el farmacéutico

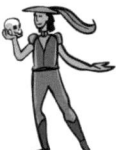

mutlangi

el actor

muchaeri wa tibazi

el colectivero

muchayeri wa thekisi

el taxista

muphasi wa tinhlampfi

el pescador

wansati wa ku basisa

la mucama

mufuleri

el techista

muphameri

el mozo

muhloti

el cazador

mupendi

el pintor

mubaki

el panadero

mutivi wagezi

el electricista

muaki

el albañil

munjiniyara

el ingeniero

muxavisi wa nyama

el carnicero

muplambara

el plomero

muheleketi wa poso

el cartero

socha

el soldado

mumpfampfarhuti

el arquitecto

muamukeli wa timali

el cajero

muxavisi wa swiluva

el florista

mululamisi wa misisi

el peluquero

mufambisi

el cobrador

munhu wo lungisa timovha

el mecánico

mulawuri

el capitán

dokotela wa matinho

el dentista

mutivi wa sayensi

el científico

mufundisi

el rabino

murhangeri

el imán

nghwendza

el monje

mfundisi

el sacerdote

switirhisiwa
las herramientas

hamele
el martillo
tangi
la tenaza
xikurudurayivha
el destornillador
xipanere
la llave
thochi
la linterna

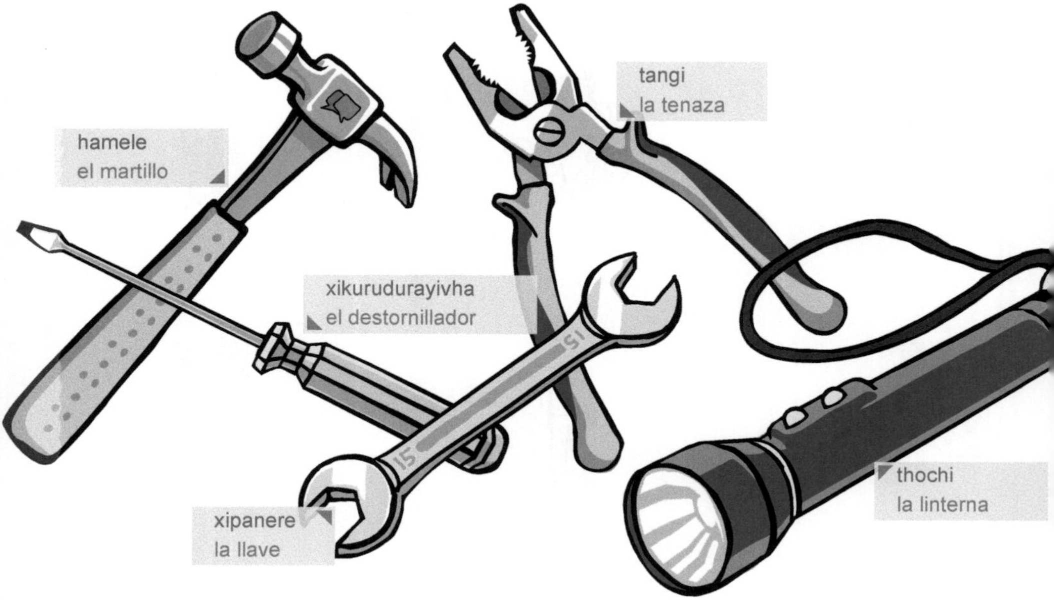

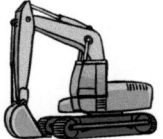

muchini wo cela

la excavadora

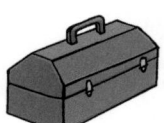

bokisi ra switirhisiwa

la caja de herramientas

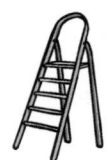

xitepisi

la escalera portátil

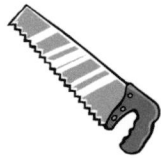

saha

la sierra

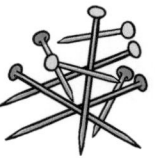

swipikiri

los clavos

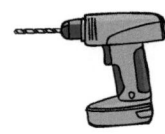

muchini wo boxa

el taladro

lunghisa

arreglar

foxolo

la pala de jardín

Thyaka!

¡Qué bronca!

nchumu wo susa ritshuri

la pala de plástico

mbita ya pende

el tacho de pintura

bawuti

los tornillos

swichayachayana
los instrumentos musicales

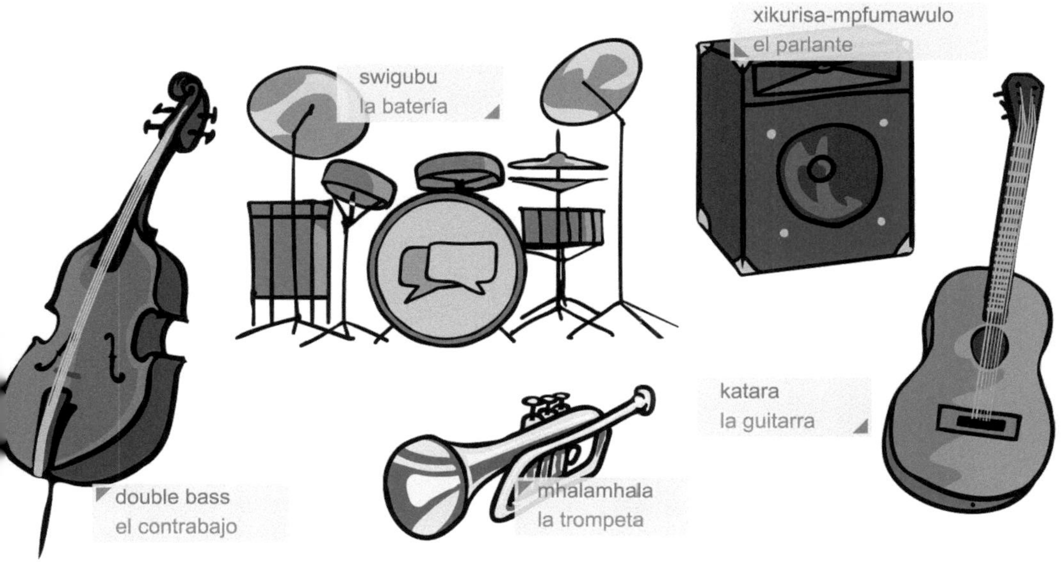

swigubu
la batería

xikurisa-mpfumawulo
el parlante

katara
la guitarra

double bass
el contrabajo

mhalamhala
la trompeta

piyano

el piano

violin

el violín

bass

el bajo

timpani

los timbales

xigubu

el tambor

keyboard

el teclado

saxophone

el saxofón

xitiringo

la flauta

xikurisa-marito

el micrófono

yingwe
el tigre

hoko
la jaula

mangwa
la cebra

swakudya swa swiharhi
el alimento para animales

ndhawu ya ku nghena
la entrada

panda
el oso panda

swiharhi

los animales

ndlopfu

el elefante

xinjhenghwe

el canguro

mhelembe

el rinoceronte

gorila

el gorila

bere

el oso

kamela

el camello

yintsha

el avestruz

nghala

el león

nkawu

el mono

flamingo

el flamenco

hokwe

el loro

bere

el oso polar

penguin

el pingüino

shaka

el tiburón

hanti

el pavo real

nyoka

la serpiente

ngwenya

el cocodrilo

muhlayisi wa mintanga ya swiharhi

el cuidador del zoológico

seal

la foca

jaguar

el jaguar

hanci

el poni

yingwe

el leopardo

mpfuvu

el hipopótamo

nhutlwa

la jirafa

gama

el águila

ngluve ya nhova

el jabalí

hlampfi

el pescado

mfutsu

la tortuga

nyimpfu ya le lwandle

la morsa

mhungubye

el zorro

mhala

la gacela

bolo ya le Amerika
el fútbol americano

kufamba hi xi kanyakanya
el ciclismo

tennis
el tenis

basketball
el básquet

kuhlambela
la natación

ntlango wa ku bana
el boxeo

khororo ya le ayisini
el hockey sobre hielo

bolo
el fútbol

badminton
el bádminton

mintlango
el atletismo

bolo ya mavoko
el handball

kureta e gambokweni
el esquí

polo
el polo

tlula
saltar

hleka
reír

angara
abrazar

famba
caminar

yimbelela
cantar

lora
soñar

khongela
rezar

ntswontswa
besar

tsala

escribir

dirowa

dibujar

komba

mostrar

dlidlimeta

presionar

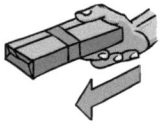

nyika

dar

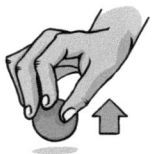

teka

tomar

yi va

tener

endla

hacer

ku va

ser

yima

estar parado

tsutsuma

correr

koka

tirar

lahlela

tirar

wana

caer

hemba

estar acostado

rindza

esperar

rhwala

llevar

tshama

estar sentado

ambala

vestirse

tlela

dormir

pfuka

despertar

languta

mirar

rila

llorar

bana

acariciar

kama

peinar

vulavula

hablar

twisisa

entender

vutisa

preguntar

yingisa

escuchar

nwana

beber

dyana

comer

basisa

ordenar

randza

amar

sweka

cocinar

chayela

manejar

haha

volar

tluta
....
navegar

hlaya
....
calcular

hlaya
....
leer

hlaya
....
aprender

tirha
....
trabajar

teka
....
casarse

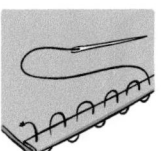

rhunga
....
coser

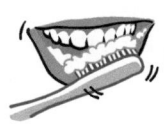

kuhlamba meno
....
cepillarse los dientes

dlaya
....
matar

dzaha
....
fumar

rhumela
....
enviar

ndyanghu

la familia

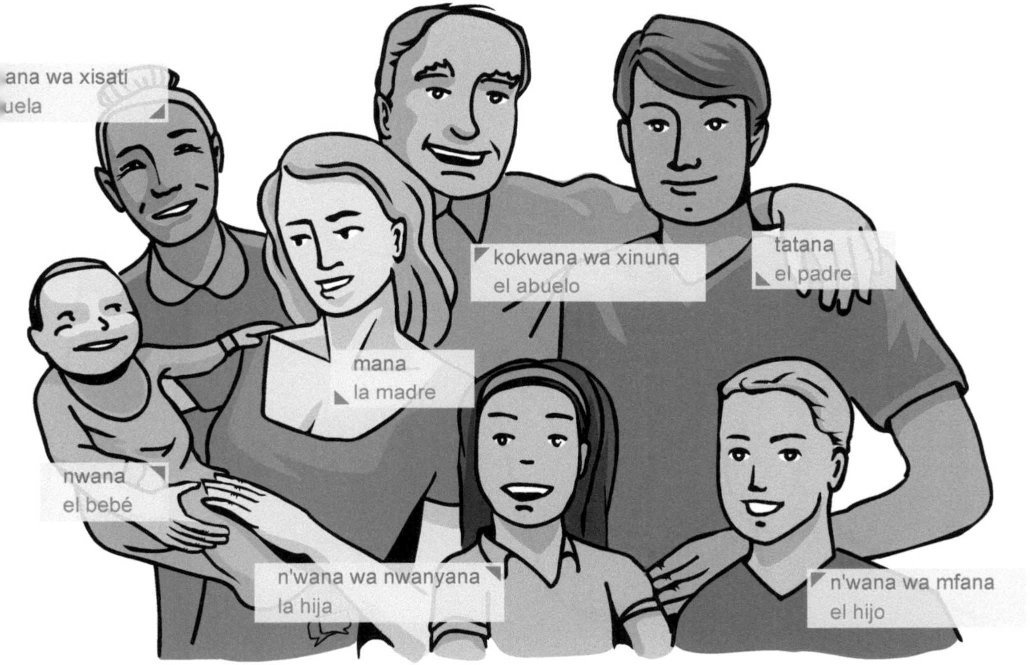

ana wa xisati
uela
kokwana wa xinuna
el abuelo
tatana
el padre
mana
la madre
nwana
el bebé
n'wana wa nwanyana
la hija
n'wana wa mfana
el hijo

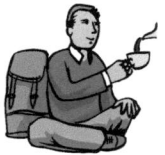

muendzi

el invitado

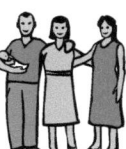

hahani

la tía

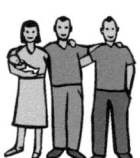

malume

el tío

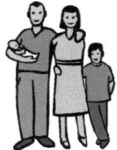

makwerhu

el hermano

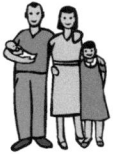

makwrhu

la hermana

miri

el cuerpo

mombo
la frente
tihlo
el ojo
katla
el hombro
ritiho
el dedo
xikandza
la cara
xilebvu
la pera
voko
la mano
nenge
la pierna
bele
el pecho
voko
el brazo

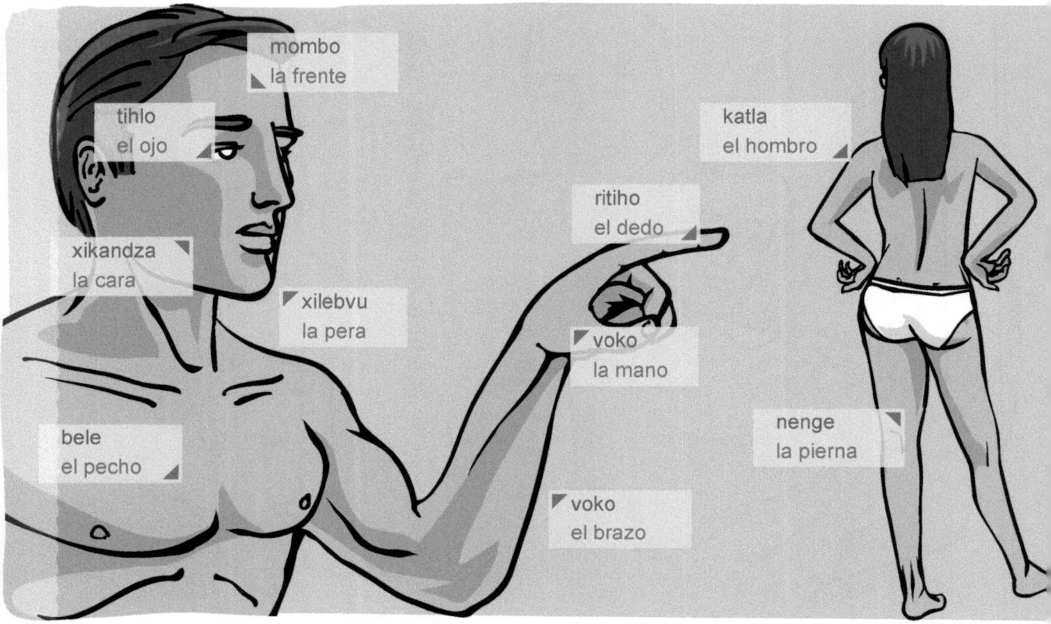

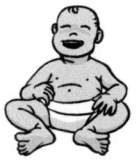

nwana

el bebé

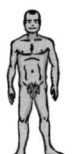

n'wanuna

el hombre

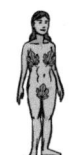

nw'ansati

la mujer

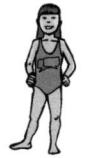

nhwanyana

la nena

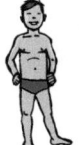

mfana

el nene

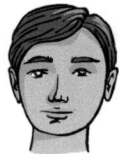

nhloko

la cabeza

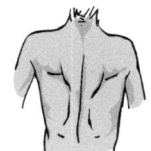

nhlana

la espalda

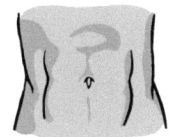

khwiri

la panza

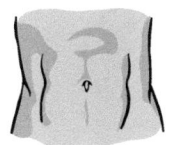

nkava

el ombligo

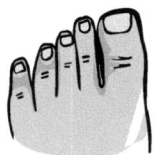

xikunwani

el dedo del pie

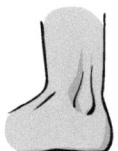

xirhenze

el talón

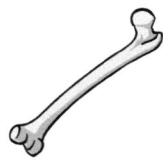

rhambu

el hueso

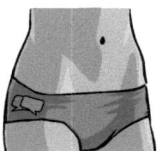

nyonga

la cadera

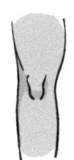

tsolo

la rodilla

xikokola

el codo

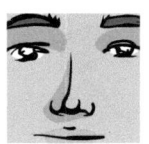

nompfu

la nariz

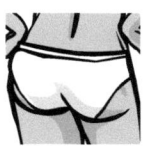

xisuti

la cola

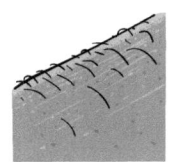

nhlonge

la piel

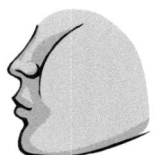

rhama

el cachete

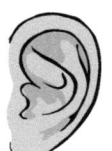

ndlebe

la oreja

nomu

el labio

nomu

la boca

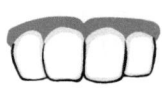

tinyo

el diente

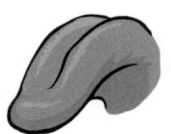

ririmi

la lengua

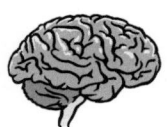

byongo

el cerebro

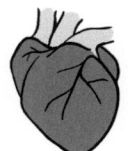

mbilu

el corazón

nsiha

el músculo

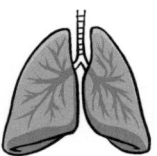

hahu

el pulmón

vixindzi

el hígado

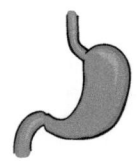

khwiri

el estómago

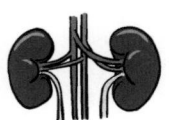

tinso

los riñones

masangu

el sexo

khondomu

el preservativo

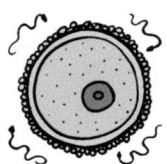

tandza

el óvulo

mbewu ya vununa

el semen

nyimba

el embarazo

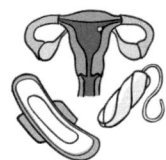

kuya enkarhini

la menstruación

muhocho

la vagina

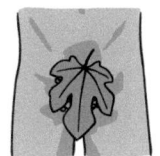

xiluma

el pene

tinxiyi

la ceja

misisi

el pelo

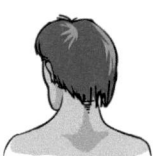

nhamu

el cuello

xibedlhele

el hospital

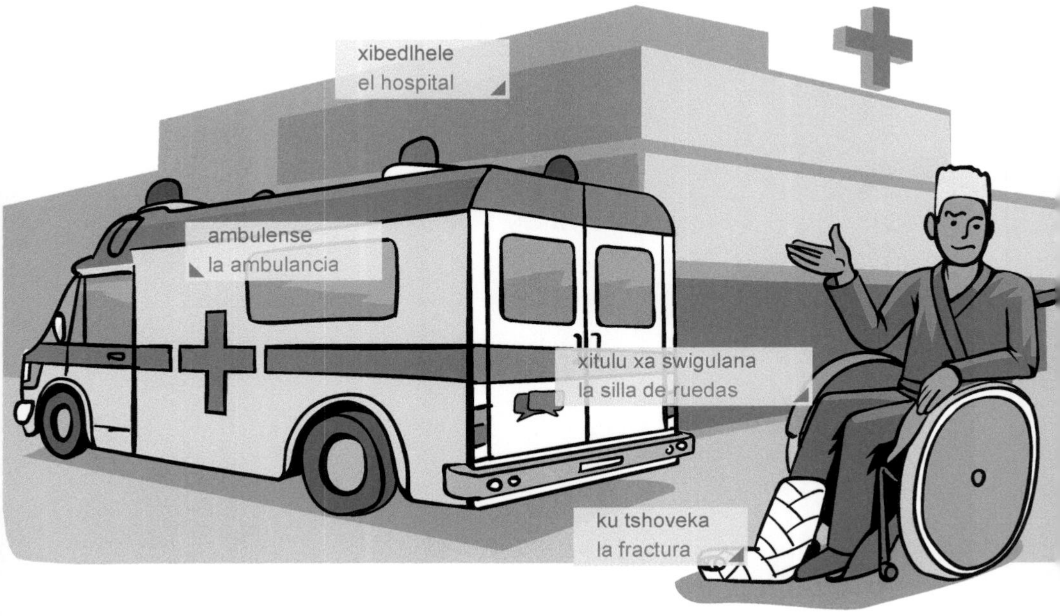

xibedlhele
el hospital
ambulense
la ambulancia
xitulu xa swigulana
la silla de ruedas
ku tshoveka
la fractura

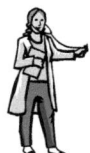

dokodela

el médico

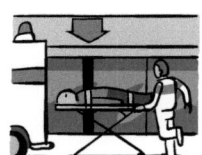

kamara ra xilamulela-mhango

la sala de guardia

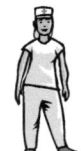

muongori

la enfermera

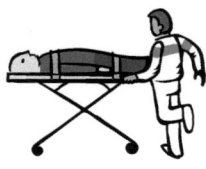

xihatla

la emergencia

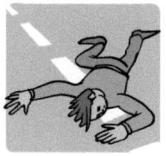

ku titivala

inconsciente

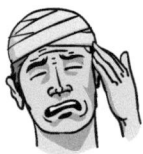

kuvava

el dolor

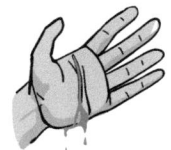

ku vaviseka

la lesión

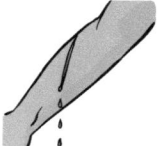

mpfempfa ngati

la hemorragia

ku hlaseriwa himbilu

el infarto

ku oma swirho

el ACV

rinyenyo

la alergia

khohlola

la tos

xifumbu

la fiebre

mukhuhlwana

la gripe

nchuluko

la diarrea

ku pandza ka nhloko

el dolor de cabeza

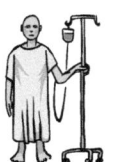

khensa

el cáncer

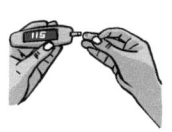

chukela

la diabetes

dokodela

el cirujano

mukwana

el bisturí

vuhandzuri

la operación

CT
....
la TC

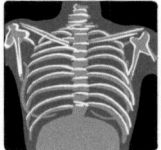

x-rheyi
....
los rayos x

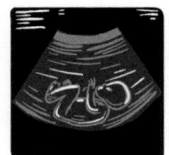

muchini wo yingisela
ntshuka-ntshuko
....
la ecografía

xo tipfala tinhomfu
....
el barbijo

vuvabyi
....
la enfermedad

kamara ro rindza
....
la sala de espera

nhonga
....
la muleta

semendhe
....
la curita

bandhichi
....
la venda

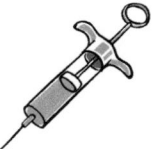

neleta
....
la inyección

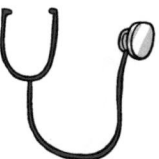

muchini wa madokodela wa
ku yingisa
....
el estetoscopio

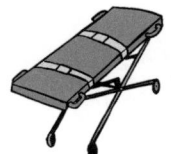

rihlaka
....
la camilla

xipima-mahiselo
....
el termómetro

ku veleka
....
el nacimiento

ku nyuhela
....
el sobrepeso

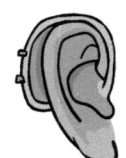

swipfuneta-ku-twa

el audífono

khemikhale yo dlaya
switsongwatsongwana

el desinfectante

switsongwatsongwana

la infección

xitsongwatsongwana

el virus

HIV / AIDS

el VIH / SIDA

miri

el remedio

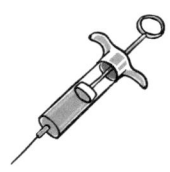

nayiti

la vacunación

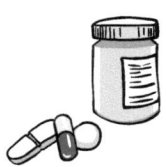

maphilisi

los comprimidos

pilisi

la pastilla anticonceptiva

riqingho ra xihatla

la llamada de emergencia

muchini wo kamba
nsusumeto wa ngati

el tensiómetro

vabya / hanya

enfermo / sano

la emergencia

Pfunani!

¡Ayuda!

bele

la alarma

ku hlaseriwa

la agresión

hlasela

el ataque

khombo

el peligro

nyangwa wo huma loko ku ri ni mhango

la salida de emergencia

Ndzilo!

¡Fuego!

xo tima ndzilo

el matafuego

mhangu

el accidente

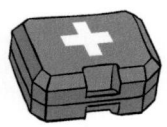

bokisi ra xilamulela-mhango

el botiquín de primeros auxilios

SOS

el SOS

phorisa

la policía

Yuropa

Europa

Amerika N'walungu

América del Norte

Amerika Dzonga

América del Sur

Afrika

África

Asia

Asia

Australia

Australia

Atlantic

el Atlántico

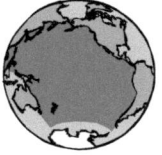

Pacific

el Pacífico

Lwandle-nkulu ra Indiya

el Océano Índico

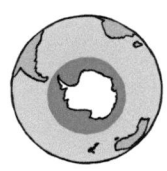

Lwandle-nkulu ra Antarctic

el Océano Antártico

Lwandle-nkulu ra Arctic

el Océano Ártico

North Pole

el polo norte

South Pole

el polo sur

Antarctica

la Antártida

Misava

la Tierra

tiko

la tierra

lwandle

el mar

xihlala

la isla

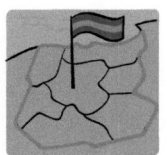

rixaka

la nación

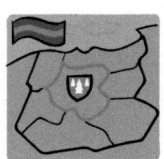

tiko

el estado

xikomba nkarhi

la esfera

xikomba-tiawara

la manecilla de las horas

xikomba-timineti

el minutero

xikomba-tisekoni

el segundero

I nkarhi muni?

¿Qué hora es?

siku

el día

nkarhi

la hora

sweswi

ahora

wachi leyi tshavatelaka

el reloj digital

minete

el minuto

awara

la hora

la semana

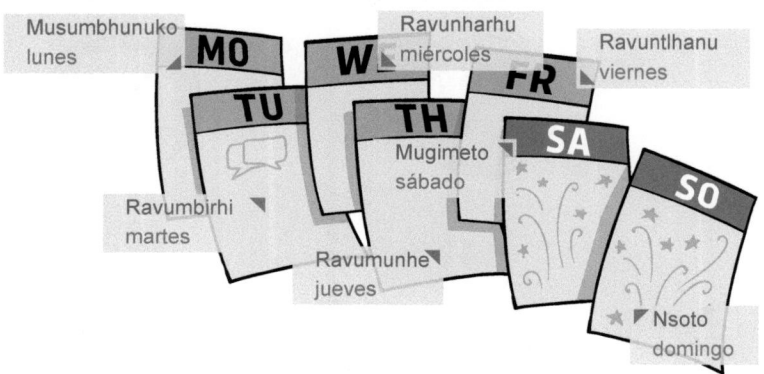

Musumbhunuko lunes
MO
W — Ravunharhu miércoles
Ravuntlhanu viernes
TU
TH — Mugimeto sábado
SA
FR
SO
Ravumbirhi martes
Ravumunhe jueves
Nsoto domingo

tolo
....
ayer

namuntlha
....
hoy

mundzuku
....
mañana

mixo
....
la mañana

nhlekani
....
el mediodía

madyambu
....
la tarde

masiku ya ntirho
....
los días hábiles

mahelo vhiki
....
el fin de semana

lembe
el año

mfpula
la lluvia
nkwangulatilo
el arco iris
gamboko
la nieve
moya
el viento
xumun'wana
la primavera
xixikana
el otoño
ximumu
el verano
xixika
el invierno

4.APRIL 11°
5.APRIL 4°
6.APRIL 13°
7.APRIL 8°
8.APRIL 10°

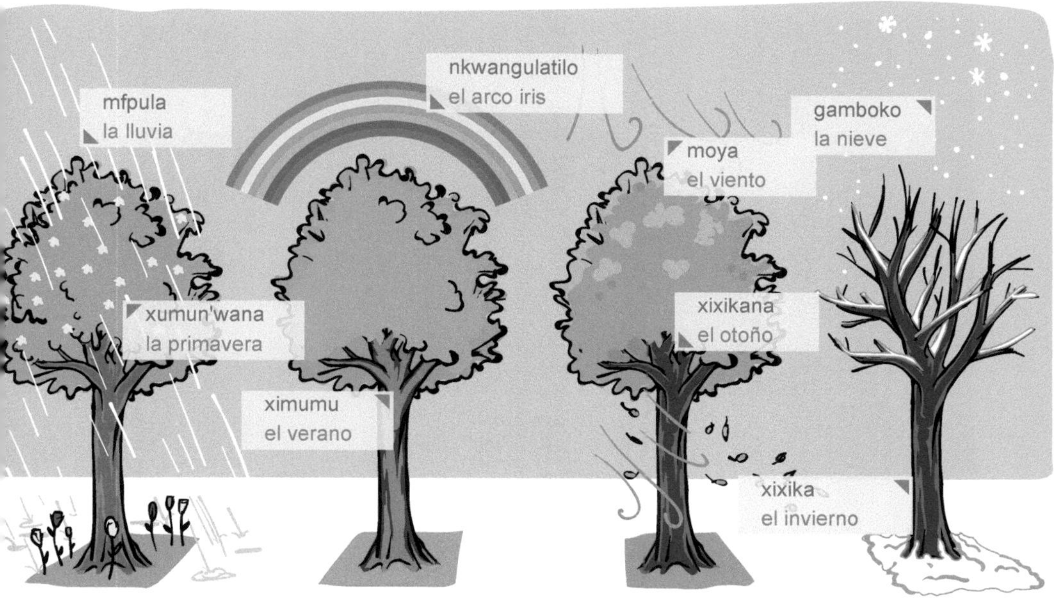

vumbha tamaxelo

l pronóstico meteorológico

F C
120 40
90 30
60 20
30 10
0 0
-30 -10
-20

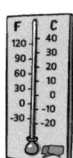

xipima-mahiselo

el termómetro

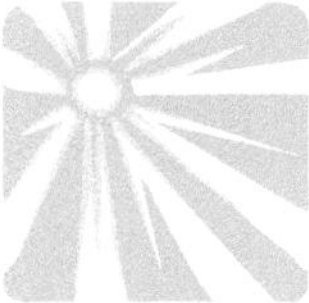

dyambu

la luz del sol

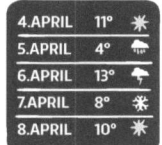

papa

la nube

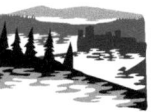

hunguva

la niebla

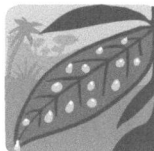

kutsakama

la humedad

rihati

el rayo

dzindza-tilo

el trueno

xidzedze

la tormenta

xihangu

el granizo

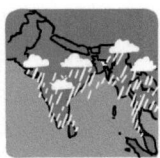

mpfula

el monzón

ndhambi

la inundación

ayisi

el hielo

Sunguti

enero

Nyenyenyana

febrero

Nyenyankulu

marzo

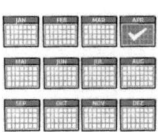

Dzivamusoko

abril

Mudyaxihi

mayo

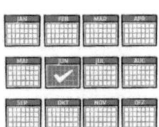

Khotavuxika

junio

Mawuwani

julio

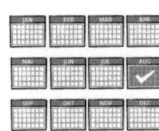

Mhawuri

agosto

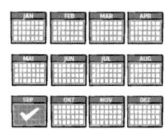

Ndzhati

septiembre

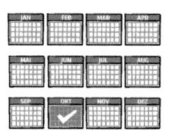

Nhlangula

octubre

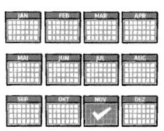

Hukuri

noviembre

N'wendzamhala

diciembre

xirendzevutana

el círculo

xikwere

el cuadrado

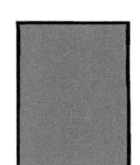

matlhelo ya mune

el rectángulo

xivunguvungu xa tintlha
tinharhu

el triángulo

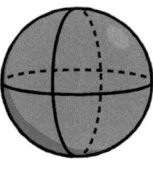

bolo

la esfera

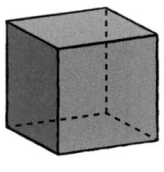

cube

el cubo

basa

blanco

xitshopana

amarillo

lamula

naranja

tshwukanyana

rosa

tshwuka

rojo

xigunguvungu

violeta

wasi

azul

rihlaza

verde

buraweni

marrón

mpunga

gris

ntima

negro

swo tala / swi tsongo

mucho / poco

hlundzukile / rhurile

enojado / tranquilo

sasekile / bihile

lindo / feo

masungulo / makumo

el principio / el fin

kulu / tsongo

grande / chico

vangama / munyama

claro / oscuro

buti / sesi

el hermano / la hermana

basile / chakile

limpio / sucio

helerile / helelangiki

completo / incompleto

siku / vusiku

el día / la noche

file / hanyaka

muerto / vivo

pfulekile / pfalekile

ancho / angosto

swa dyiwa / a swi dyiwi

comestible / no comestible

homboloka / lunghile

malo / amable

tsakile / phirekile

entusiasmado / aburrido

nyuhela / lala

gordo / flaco

masungulo / makumo

primero / último

mungana / nala

el amigo / el enemigo

tele / hava

lleno / vacío

tiyile / olova

duro / blando

tika / vevuka

pesado / liviano

ndlala / torha

el hambre / la sed

vabya / hanya

enfermo / sano

swi ngariki enawini / enawini

ilegal / legal

tlharihile / xiphukuphuku

inteligente / estúpido

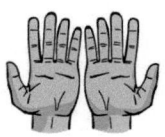

ximati / xinene

izquierda / derecha

akusuhi / kule

cerca / lejos

yintshwa / tirhisiwile

nuevo / usado

hava / xin'wana

nada / algo

dyuharile / muntshwa

viejo / joven

xarirha / xitimile

encendido / apagado

pfurile / pfariwile

abierto / cerrado

myerile / huwa

silencioso / ruidoso

fuwile / xisiwana

rico / pobre

swinene / bihile

correcto / incorrecto

khwasha / reta

áspero / suave

vaviseka / tsaka

triste / contento

koma / leha

corto / largo

hlwela / hatlisa

lento / rápido

tsakama / oma

mojado / seco

kufumela / titimela

caliente / frío

nyimpi / kurhula

guerra / paz

0

noto

cero

1

n'we

uno

2

mbirhi

dos

3

nharhu

tres

4

mune

cuatro

5

ntlhanu

cinco

6

ntsevu

seis

7

nkombo

siete

8

nhungu

ocho

9

nkaye

nueve

10

khume

diez

11

khume n'we

once

12

khume mbirhi

doce

13

khume nharhu

trece

14

khume mune

catorce

15

khume ntlhanu

quince

16

khume ntsevu

dieciséis

17

khumbe nkombo

diecisiete

18

khume nhungu

dieciocho

19

khume nkaye

diecinueve

20

makhume mambirhi

veinte

100

dzana

cien

1.000

gidi

mil

1.000.000

gidi ya magidi

el millón

Xinghezi

el inglés

Xinghezi xa Amerika

el inglés americano

Xichayina xa Mandarin

el chino mandarín

Xihindi

el hindi

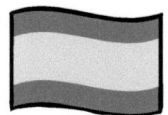

Xipaniya

el español

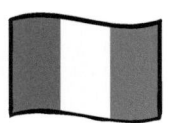

Xifurwa

el francés

Xiarabu

el árabe

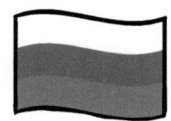

Xirhaxiya

el ruso

Xiputukezi

el portugués

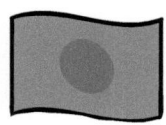

Xibengali

el bengalí

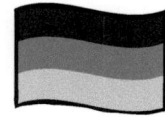

Xijarimani

el alemán

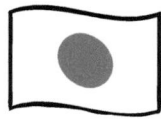

Xijapani

el japonés

mina
yo

wena
vos

yena / yena / xona
él / ella

hina
nosotros

n'wina
ustedes

vona
ellos

mani?
¿quién?

yini?
¿qué?

njhani?
¿cómo?

kwihi?
¿dónde?

rhini?
¿cuándo?

vito
el nombre

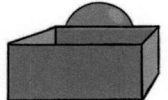

endzaku

detrás

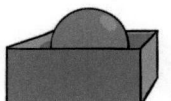

ahehla

en

emahlweni a

adelante de

ahenhla ka

por encima de

eka

sobre

ehansi

debajo de

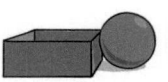

handle ka

al lado de

exikarhi ka

entre

ndhawu

el lugar